Medfølelse, den eneste vej til fred

En tale af
Sri Mata Amritanandamayi

holdt ved
Cinéma Vérité's 2007 Film Festival

12. oktober 2007 Paris, Frankrig

Mata Amritanandamayi Center, San Ramon
Californien, Forenede Stater

Medfølelse, den eneste vej til fred

En tale af Sri Mata Amritanandamayi

Udgivet af:
 Mata Amritanandamayi Center
 P.O. Box 613, San Ramon, CA 94583
 Forenede Stater

—— *Compassion, the Only Way to Peace (Danish)* ——

Copyright © 2010 ved Mata Amritanandamayi Mission Trust, Amritapuri, Kerala 690546, India
Alle rettigheder forbeholdes. Ingen del af denne udgivelse må opbevares i nogen form for databasesystem. Der må heller ikke transmitteres, kopieres, gengives, afskrives eller oversættes til noget sprog, i nogen form, med noget middel, uden forudgående skriftlig tilladelse fra udgiveren.

Første udgave af Mata Amritanandamayi Center: april 2016

Danmark:
 www.amma-danmark.dk
 info@amma-danmark.dk

India:
 inform@amritapuri.org
 www.amritapuri.org

Introduktion

I oktober 2007 anmodede den franske filmsammenslutning Cinéma Vérité Amma om at holde en tale om det stigende antal menneskeskabte og naturbetingede katastrofer i verden i dag. Cinéma Vérité var blevet opmærksom på Amma som en fremtrædende spirituel leder og humanist gennem Jan Kounens dokumentarfilm fra 2005: *Darshan: Omfavnelsen*. Organisationen har allerede for længst fokuseret på at skabe opmærksomhed omkring menneskerettighederne gennem film. Cinéma Vérité følte at tiden var kommet til at præsentere en Cinéma Vérité Pris til mennesker, som er engageret i et ekstraordinært arbejde omkring skabelsen af verdensfred og harmoni. Amma skulle blive deres første prismodtager.

Overrækkelsen fandt sted i centrum af Paris i et eksperimenterende teater på Place de la Bastille som en del af Cinéma Vérité's 2007 Filmfestival. Andre udvalgte deltagere af festivalen var Nobels

Introduktion

fredsprismodtager fra 1997 Jody Williams, den kommende Akademipris-modtagerkandidat skuespilleren Sharon Stone, og forkæmperen for sociale og menneskerettigheder Bianca Jagger.

Amma blev introduceret og budt velkommen af både Sharon Stone og Jan Kounen. "Der er så sandelig ingen der er mere kvalificeret til at tale om fred end Amma" sagde Kounen. "Ikke alene *lever* hun sit liv i fred, men hun *skaber* fred…. Vi er lykkelige for at have denne mulighed for at ære Amma med den første årlige Cinéma Vérité Pris for hendes bidrag til freden og harmonien i verden."

Kounen fortsatte sin tale med beretningen om arbejdet med at filme Amma, idet han beskrev hende som et menneske der besidder kraften til at transformere andre. "Jeg har det privilegium at være en film-producent der selv kan vælge emnet for sine film," sagde han. "Det gav mig chancen for at være sammen med Amma og have muligheden for at opdage hvad hun gør, og nå til en forståelse af hvem hun er. Det tillod mig at gå på en rejse, og bringe noget tilbage fra den rejse – denne film.

"Det har givet mig chancen for at kommunikere til andre hvem Amma er – hvad der kunne ses, opfattes, opleves i den tid jeg tilbragte sammen med Amma. Det gav mig to muligheder: At være vidne til hvorledes et menneske kan transformere sine medmennesker, og at videregive budskabet til andre."

Kounen som har produceret både spillefilm og et antal dokumentarfilm om kulturer med mystik som baggrund, udtalte at hans oplevelse med at filme Amma var helt enestående. "Jeg har personligt behandlet emner med forbindelse til spiritualitet, til healere og til mirakelmagere. Men hos Amma så jeg at det magiske faktisk er noget man kan se, noget hun gør lige for øjnene af dig. Det er det mest fantastiske ved hende. Noget man kan se med sine egne øjne. Og jeg måtte simpelthen fastholde det på film – for at se det og for at give andre mulighed for at se det også. Jeg vil gerne takke hende for at have givet mig den chance at lave denne film. Tak, Amma!"

Skuepilleren Sharon Stone, den kommende Akademi-prismodtager, overrakte Amma den første årlige Cinema Vérité Pris for hendes bidrag til fred og harmoni i verden.

Medfølelse, den eneste vej til fred

Sharon Stone var den næste der skulle tale om Amma. "At præsentere en helgen er en stor opgave," sagde hun. "At filme en engel er noget helt, helt andet. Filmen *Darshan* er overordentligt inspirerende. Men et liv som en person der giver sig selv I menneskehedens tjeneste, er noget, vi alle kan påtage os. Fordi det er et valg. Det er et valg at give sig selv i tjeneste for andre. Som Milton sagde da han var ved at miste synet, "Det bare at stå og vente kan være at tjene, at stå og vente på en anden." Vi er i en tid i verden, som er mere præget af nød end nogensinde. Vi er i en tid hvor vi må stå og vente, før vi beslutter hvad vi skal gøre. Fordi vi skal gøre det Gode. Vi skal handle i venlighed. Og nåde må bære vor handling.

"Hele hendes liv har nåden båret hendes handlinger. Hun har omfavnet 26 millioner mennesker. Men hun har gjort det ikke bare for at give, men af godhed, af omtanke og af tjeneste for andre mennesker. At vente på at de tager imod hendes omfavnelse og bruger den til et liv i godhed. Jeg beder jer tage imod ikke blot denne

Introduktion

helgen og denne engel, men dette menneske af aktiv godhed."

Som udtryk for Cinéma Vérités anerkendelse af Ammas og hendes arbejde overrakte Sharon Stone Amma en sølvkæde med en medaillon, hvilket udløste et tordnende bifald fra teateret.

I sin tale "Medfølelse: den eneste vej til fred" gav Amma en realistisk og konstruktiv analyse af de problemer som verden af i dag står overfor, idet hun fremhævede specielle disharmoniske områder og hvordan kun en medfølende holdning kan føre til genoprettelse af harmonien.

Med hensyn til konflikt var Amma særdeles oprigtig. "Siden verdens begyndelse har der været konflikt", sagde hun. "At sige at det er umuligt helt at udrydde konflikt er meget angstfremkaldende. Men det er jo sandheden, ikke sandt?"

Idet Amma accepterede, at konflikt ikke kan udryddes helt, beklagede hun forværringen af etik og adfærd i forbindelse med krigsførelse. Hun forklarede hvordan fodfolk i gamle dage kun kæmpede med fodfolk, ryttere med ryttere, etc.; hvordan man ikke havde lov til at angribe

Medfølelse, den eneste vej til fred

en ubevæbnet soldat eller såre kvinder og børn. Hvorledes kampen skulle ophøre ved solnedgang og først genoptages ved solopgang. "Det var den ædle tradition med høj krigsmoral (*dharma*), hvor fjenden blev behandlet med respekt og venlighed, både på og udenfor slagmarken, Fjendens kultur og følelser blev også respekteret. Folk på den tid havde mod til at have disse holdninger."

Amma sagde at moderne krigsførelse er noget helt andet. "I vor tids krige bliver fjendens land ødelagt på enhver tænkelig måde. Erobrerne plyndrer og overtager land, natur-ressourcer og det slagne lands skatte, og bruger dem til deres egen selviske fornøjelse. Kulturen og traditionerne, som er gået i arv i generationer er rykket op med rode, og uskyldige mennesker dræbt nådesløst."

Amma sagde at på grund af den vold og lidelse, som menneskeheden har skabt med sin grådighed og sit had, har den pådraget sig "utallige forbandelser." "For at blive befriet fra disse forbandelser bør mindst de kommende hundrede generationer tørre de lidendes tårer, og gøre sig umage for at trøste dem og lette deres smerte", sagde Amma. "I det mindste nu, bør vi så ikke prøve at se ind i os selv?"

Desuden anmodede Amma verdenslederne at opgive deres forældede forestillinger om krig. "Tiden er kommet til at holde op med den grusomhed og hensynsløshed, som mennesket har udvist i krigens navn," sagde hun. "Krigen er skabt af rå sind. Disse tankemønstre bør falde bort og erstattes af medfølelsens og skønhedens nye blade, blomster, og frugter. Skridt for skridt kan vi tilintetgøre den indre dæmon – "behov for krig" – som er en forbandelse for både menneskeheden og naturen. Så kan vi træde ind i en ny æra af fred og lykke"

Det næste konfliktområde, Amma tog op, var konflikten mellem videnskab og religion. "Religion og videnskab bør gå hånd i hånd", sagde Amma. "Både videnskab uden religion og religion uden videnskab er ufuldstændige. Men det er samfundet der prøver at adskille os i "de religiøse" og "de videnskabelige". Amma hævdede at sandheden er, at videnskab og religion ligner hinanden meget i deres måde at styre udviklingen på – den ene, videnskaben, som er en udforskning i det ydre laboratorium, mens den andet, religionen, gør det samme i det indre. Amma sagde: "Hvad er karakteristisk for den oplevede verden? Hvordan fungerer den i fuldkommen harmoni? Hvorfra kom den? Hvor går den hen? Hvor fører den os hen?"

"Hvem er jeg?...... Hvem stiller den slags spørgsmål? Troens mennesker eller videnskabens mennesker? Det gør de begge."

"Vi bør lære af historien, men vi skal ikke leve der" var Amma's konklusion.

"Fusionen mellem videnskab og spiritualitet vil hjælpe os med at komme ud af fortidens dunkle korridorer og ind i fredens, harmoniens, og enhedens lys".

Amma talte også om inter-religiøs konflikt, idet hun sagde at på grund af menneskets snæversynethed og uvidenhed så kom bevægelser, hvis hensigt det skulle være at kaste stråler af lys, nu i stedet til at kaste skygger. "Spiritualitet er den nøgle med hvilken vi kan åbne vort hjerte og

Introduktion

se på alle med medfølelse", sagde Amma. "Men forblændet af selviskhed har menneskesindet mistet sin dømmekraft og vores vision er blevet forvrænget. Denne selviskhed skaber kun mere mørke. I stedet for at bruge den selvsamme nøgle til at åbne vort hjerte med, så lukker vore ufølsomme sind det i stedet for."

En stor del af Amma's tale kredsede om den voksende disharmoni mellem mennesket og naturen, og de voldsomme tilbageslag – jordskælv, tsunamier, den globale opvarmning, ekstreme vejrforhold, tørke m.m..

Og endnu engang sammenlignede Amma den nuværende situation med forgangne tiders. "I gamle dage var der ingen særlig brug for miljøbeskyttelse, fordi beskyttelse af naturen var en del af tilbedelsen af Gud og livet selv", sagde Amma. "Udover at huske på Gud, plejede menneskene at elske og tjene naturen og samfundet. De så Skaberen igennem skabelsen. De elskede, tilbad og beskyttede naturen som Guds synlige form. Lad os prøve at genoplive denne holdning. I øjeblikket er den største trussel mod menneskeheden

Medfølelse, den eneste vej til fred

ikke en tredje verdenskrig, men tabet af naturens harmoni og vores voksende adskillelse fra naturen. Vi bør udvikle os til mennesker med knivskarp årvågenhed. Det er menneskehedens eneste mulighed for at overleve."

Amma gav nogle forslag til, hvordan vi kan genoprette den mistede harmoni mellem menneske og natur: at pålægge fabrikker øgede miljøhensyns-foranstaltninger, car-pooling og at rejse korte strækninger til fods eller på cykel, at dyrke familiekøkkenhaver, og at hvert enkelt menneske planter mindst ét træ om måneden.

"Naturen er vores første mor", sagde Amma, "Hun nærer os igennem hele livet.

Vores biologiske mor giver os lov til at sidde på sit skød i nogle år, men Moder Natur bærer tålmodigt vores vægt hele vores liv. Hun synger os i søvn, brødføder os og kærtegner os. Lige som et barn er forpligtet overfor sin biologiske mor, så bør vi alle føle en forpligtelse og et ansvar for Moder Natur. Hvis vi glemmer dette ansvar, er det ensbetydende med at glemme vort eget selv.

Introduktion

Hvis vi glemmer naturen, er det ude med os, for at gøre det, er at vandre mod døden."

Under hele sin tale betonede Amma hele tiden stærkt sin faste overbevisning, at hvad angår alle disse konfliktområder, så er medfølelse den eneste løsning.

"Medfølelsen er selve grundlaget for fred," sagde Amma. "Hos ethvert menneske er medfølelsen medfødt, men det er vanskeligt at opleve den og udtrykke den i alle vore handlinger. Vi må vende os indad og søge dybt i os selv ... Hvis vi ønsker fred i den ydre verden, så må vores indre verden være fredfyldt først."

Ammas tale blev simultanoversat gennem individuelle højtalere til både engelsk og fransk, og talen blev mødt med et begejstret bifald. Bagefter sluttede natten ikke i ord, men i handling – idet Amma omfavnede hver eneste af programmets deltagere med sin kærlige og hjertelige *darshan*.

Swami Amritaswarupananda Puri
Viceformand
Mata Amritanandamayi Mat

Medfølelse, den eneste vej til fred

Af Sri Mata Amritanandamayi

12. oktober 2007 – Paris, Frankrig

Lige siden verdens begyndelse har der været konflikter. At sige at det er umuligt at udrydde dem totalt, forårsager en masse angst. Men det er sandheden, ikke sandt? Årsagen er at godt og ondt altid vil eksistere i verden. I vores kamp for at acceptere det gode og bekæmpe det onde, kan vi ikke udelukke konflikt totalt. Konflikt er forekommet i næsten alle lande i form af indre strid, krig og strejker. Skønt de fleste krige generelt har til formål at beskytte kapital-interesser, så har der været få tilfælde, hvor der er blevet taget hensyn til menneskenes behov og et højere mål blev nået.

Uheldigvis er størstedelen af de krige, mennesket har udkæmpet, ikke blevet udkæmpet for

Medfølelse, den eneste vej til fred

at opretholde sandhed og retfærdighed, men har været motiveret af egoisme.

For ca. 5000 siden, i den store indiske konge Chandragupta Mauryas regeringstid, grundlæggeren af Maurya dynastiet, spillede sandhed og ædel adfærd en central rolle i alle krige der blev udkæmpet i Indien. Selv dengang var overvindelse og – om fornødent – tilintetgørelsen af fjenden en del af krigen. Men der var klare regler som skulle følges på slagmarken og under kamp.

Et eksempel: fodfolk havde kun lov til at kæmpe med fodfolk, og ryttere kun med ryttere. Krigere påelefanter eller i stridvogne måtte kun kæmpe med modstandere i tilsvarende bevæbning. Dette gjaldt også dem, der var bevæbnet med køller, sværd, spyd eller bue og pil. En soldat måtte ikke angribe sårede eller ubevæbnede soldater, og han måtte ikke såre kvinder, ældre og børn, eller de syge. Slaget begyndte ved daggry ved at man blæste i en konkylie, og endte nøjagtig ved solnedgang, og soldaterne på begge sider glemte deres indbyrdes fjendskab og spiste middag sammen. Slaget ville så

En tale af Sri Mata Amritanandamayi

---

blive genoptaget næste morgen ved solopgang. Der er endog eksempler på, at sejrrige konger storladent tilbagegav hele kongeriget, og alle de rigdomme de havde vundet, til den konge, de havde besejret, eller hans retsmæssige arving. Det var traditionen i de *darmiske* kriges tid, hvor fjenden blev behandlet med respekt og venlighed, både på og udenfor slagmarken. Man respekterede også borgerne i fjendens rige, deres følelser og deres kultur. Det var den tids menneskers modige holdning.

Nu til dags indfører man - for at forhindre terrorangreb - strenge sikkerhedsforholdsregler i lufthavne og andre institutioner. Mens sådanne forholdsregler er nødvendige for vores fysiske sikkerhed, så er de ikke den endelige løsning. Der er faktisk et særligt sprængstof, som er det farligste af alle. Ingen maskine kan finde det. Det er hadet, væmmelsen og hævnen der bor i menneskets sind.

I den forbindelse husker Amma en historie.

Den ledende borger i en landsby fejrede sin 100-års fødselsdag. Mange æresgæster og journalister deltog i festen. En af journalisterne spurgte ham, "Hvad er du mest stolt af i dit lange liv." Den gamle mand svarede, "tjah.., jeg har levet i 100 år, og jeg har ikke en eneste fjende på denne jord."

"Er det rigtigt! Det er fantastisk!", svarede journalisten. "Måtte dit liv være et forbillede for alle mennesker! Fortæl mig, hvordan er det muligt?"

"Jo," svarede den gamle mand, "det er ikke så svært. Jeg har simpelthen sørget for at ingen af dem forblev i live."

Hvis vi ikke udrydder vore destruktive følelser, vil der ikke være nogen ende på krig og vold.

I vor tids krige bliver fjendens land udryddet på enhver tænkelig måde. Sejrherrerne plyndrer og tilraner sig det besejrede lands jord, naturressourcer og rigdom og bruger dem til deres egen egoistiske fornøjelse. Den kultur og de traditioner som er blevet nedarvet gennem generationer bliver rykket op med rode, og uskyldige mennesker bliver nådesløst udryddet.

Desuden har vi overhovedet ingen levende

chance for at fatte den mængde giftige dampe som er udløst af bomber og andre krigsvåben, som fylder atmosfæren og forurener jorden.

Hvor mange generationer er tvunget til at lide fysisk og mentalt som følge af dette?

I krigens kølvand er det eneste som er tilbage: død, fattigdom, sult, og epidemier. Det er krigens gaver til menneskeheden.

I vore dage begynder nogle rige lande simpelthen krige for at afprøve og gøre reklame for deres nyeste våben. Uanset hvilken handling vi udfører, selv når det drejer sig om krig, så bør målet være beskyttelse af sandhed og retfærd. Amma siger ikke at krig er uundgåelig. Principielt er der aldrig nogensinde en tid hvor krig er nødvendig. Men vil vi nogensinde være i stand til at udrydde krig i den ydre verden så længe der findes konflikt i menneskets sind? Dette er noget vi virkelig bør tænke over.

En af hovedårsagerne til mange konflikter i vor verden er adskillelsen mellem videnskab og religion. Faktisk bør religion og videnskab gå hånd i hånd. Både videnskab uden religion og religion uden videnskab er ufuldstændig.

Men samfundet prøver at dele os op i religiøse mennesker og videnskabelige mennesker. Videnskabsmænd hævder at religion og spiritualitet er baseret på blind tro, mens videnskab er en kendsgerning fordi den er blevet bevist gennem forsøg.

Deres spørgsmål er: Hvilken side er du på? Troens eller videnskabens beviser?

Det er forkert at sige at religion og spiritualitet er baseret på blind tro, og at deres principper ikke er blevet bevist. Spirituelle mestre har rent faktisk foretaget langt mere udtømmende forskning end moderne videnskabsmænd. Lige som moderne videnskabsmænd udforsker den ydre verden, så udførte oldtidens vismænd forskning i deres sinds indre laboratorier. Set fra denne synsvinkel var de også videnskabsmænd. Rent faktisk er fundamentet for sand religion ikke blind tro, det er *shraddha*. Shraddha er undersøgelse - en intens undersøgelse af ens eget Selv.

Hvad er den oplevede (ydre) verdens natur?

En tale af Sri Mata Amritanandamayi

Hvordan fungerer den i fuldkommen harmoni? Hvor kom den fra? Hvor går den hen? Hvor fører den os hen? Hvem er jeg? Det var de spørgsmål, de stillede. Hvem stiller den slags spørgsmål – troens eller videnskabens folk? Det gør de begge.

Oldtidens vismænd var ikke kun store intellektuelle, de var seere som havde realiseret sandheden. Intellektuelle er helt bestemt en gevinst for samfundet. Men blotte tanker og ord gør det ikke alene. Det er de mennesker som lever de principper, der reelt ånder liv og skønhed ind i de ord og de tanker.

For længe siden var der en mahatma ("en stor sjæl") som skrev en bog med titlen: *Medfølelse i Livet*. For at rejse penge til at udgive den, opfordrede han folk han kendte til at sponsorere bogen. Men lige som han skulle sende bogen til trykning, udbrød der hungersnød i hans landsby, og der begyndte at komme dødsfald. Uden så meget som at overveje det, brugte han de penge der skulle finansiere bogen til at bespise de fattige og sultne. Sponsorerne var vrede. De spurgte: "Hvad er det du har gjort? Hvordan skal vi nu få bogen trykt? Fattigdom og hungersnød er helt almindelige forekomster. Fødsel og død finder altid sted i denne verden. Det var ikke rigtigt af dig at give så mange penge ud til denne naturkatastrofe." Mahatmaen svarede ikke, men smilede blot til gengæld.

Efter nogen tid vendte han tilbage til sponsorerne med en anmodning om at trykke bogen. Skønt de tøvede, sagde de ja. Men dagen før bogen skulle til trykning, kom der en stor oversvømmelse. Tusinder døde og endnu flere mistede deres hjem og ejendele. Endnu engang brugte mahatmaen alle pengene for at hjælpe katastrofe-ofrene. Denne gang var sponsorerne endnu mere oprørte. De talte hårdt til ham. Men som før reagerede han ikke, men smilede blot.

Da bogen endelig blev trykt, var titlen "*Medfølelse i Livet, bind tre*". Rasende spurgte sponsorerne ham: "Hør her, er du ikke en *sannyasi* – en forkæmper for sandheden? Hvordan kan du så lyve på den måde? Hvordan kan denne bog være 'tredje' bind? Hvor er første og andet bind? Prøver du at holde os for nar?"

Mahatmaen svarede: "Dette er faktisk bogens tredje bind. Første bind var, da landsbyen led under hungersnøden. Andet bind var da tusindvis af menneskeliv og ejendele blev skyllet væk af flodbølgen. De to første bind viste os hvordan man bringer medfølelse ind i livet på det praktiske niveau. Mine kære venner, bøger er blot døde ord. Når et levende menneske råber om hjælp, og vi er ude af stand til at række ham en kærlig hånd for at hjælpe ham, hvad er så meningen med en bog der beskriver medfølelse?"

Hvis vi vil bringe liv og bevidsthed ind i vore ord og tanker, må vi omsætte dem til handling. For at nå det mål, skal vi finde en vej hvor religion og moderne videnskab går fremad sammen. Denne forening bør ikke være et overfladisk show. Vi skal tage en fast beslutning om at handle for at forstå og integrere de aspekter af religion og videnskab som gavner samfundet.

Hvis det menneskelige sind er rent videnskabeligt, så kan det ikke være medfølende. Det fremtrædende træk i et sådant sind vil blot være at angribe, dominere og chikanere andre. Men hvis et videnskabeligt indstillet intellekt forenes med en forståelse for spiritualitet – religionens indre essens – så vil medfølelse og sympati for alle levende væsener opstå spontant.

Verdenshistorien er først og fremmest bygget op omkring historier fulde af fjendtlighed, hævn og had. De floder af blod, der er udgydt af mennesket i dets forsøg på at rane alting til sig selv og bringe alt og alle under dets magt, er endnu ikke udtørret. Hvis vi ser tilbage på fortiden, så kan det synes som om menneskeheden ikke ejer så meget som en brøkdel medfølelse, så grusomme har vore handlinger været.

Vi bør lære af historien, men vi bør ikke leve der. Fusionen af videnskab og spiritualitet vil hjælpe os med at komme ud af fortidens mørke korridorer – ud i fredens, harmoniens og forenings lys.

Spiritualiteten er den nøgle med hvilken vi kan åbne vort hjerte og se på enhver med medfølelse. Men da vi er blændet af vores egoisme, har vores sind mistet dets sande dømmekraft og vores syn er blevet forvrænget. Denne egoisme skaber blot

En tale af Sri Mata Amritanandamayi

mere egoisme. Og vi bruger den selvsamme nøgle, som vi skulle åbne vort hjerte med, men vores stupide sind låser det i stedet for.

Der er en historie om fire mænd som var påvej til en religiøs konference og måtte tilbringe natten på en ø. Det var en bidende kold nat. Hver rejsende havde et lille bundt brænde og en pakke tændstikker i sin rygsæk, og hver af dem troede at han var den eneste, der havde brænde og tændstikker med.

En af mændene tænkte ved sig selv, "Med den medaljon om halsen, så er jeg sikker på, at den mand er fra en eller anden fremmed religion. Hvis jeg tænder et bål, så får han også glæde af mit bål. Hvorfor skal jeg bruge mit kostbare brænde for at varme ham?"

Den anden mand tænkte, "Den mand er fra det land, som altid har ført krig mod os. Jeg ville ikke drømme om at bruge mit træ til at varme ham."

Den tredje mand så på en af de andre og argumenterede med sig selv, "Jeg kender den knægt. Han kommer fra en sekt som altid skaber problemer for min religion. Jeg spilder ikke mit træ på ham."

Den fjerde mand grundede, "Den mands hud har en anden farve og den hader jeg! Der bliver ikke tale om at bruge mit træ på ham!"

Til sidst var der ikke én eneste af dem der var villig til at tænde et bål for at varme de andre, og da det blev lyst var de alle frosset ihjel. På samme måde føler vi fjendskab mod andre i religionens, nationalitetens, farvens og kastens navn, uden at have medfølelse med vore medmennesker.

I fredens navn holder vi en masse konferencer. Men hvor megen forandring kan vi virkelig håbe at opnåved bare at sidde rundt om et bord og snakke? Når vi er færdige med at tale og handle og vi giver hinanden hånden til farvel, er så den gestus et ægte udtryk for den kærlighedens varme og medfølelse vi føler i vort hjerte?

Hvis ikke, så har der ikke fundet nogen virkelig dialog sted. For at en virkelig dialog skal finde sted må der være åben samklang der kommer fra hjertet, og de mure som fjendtlighed, forudfattede meninger og hævnfølelse har opført, skal brydes ned igen.

Hvert eneste menneske er bekymret over miljø-beskyttelse. Men vi overser de signaler, som naturen prøver på at sende til os. Man skal bare se på naturen om vinteren. Træerne taber deres gamle blade. De bærer ikke frugt længere. Selv fuglene sidder ikke på grenene længere. Men når foråret kommer, forandres naturen totalt. Nye blade spirer fra træer og slyngplanter, og snart står træerne med blomster og frugter. Fuglene lufter vingerne, og deres kvidren kan høres overalt. Hele skabelsen gennemstrømmes og dufter af vitalitet. De samme træer som for blot få måneder siden så ud til at falme bort, brister nu af nyt liv og skønhed.

Idet landene og deres ledere gør naturen til deres forbillede, bør de opgive deres gamle forestillinger og ideer omkring krig. Tiden er kommet til at opgive den grusomhed og hensynsløshed mennesket har udvist i krigens navn. Krig er skabt af et primitivt sind. Sådanne tankemønstre skal forsvinde og erstattes af medfølelsens

Medfølelse, den eneste vej til fred

og skønhedens nye blade, blomster og frugter. Langsomt kan vi tilintetgøre den indre dæmon – "behovet for krig" - som er en forbandelse for både menneskeheden og naturen. Så kan vi begynde en ny æra af fred og lykke.

Medfølelse er grundlaget for fred. Medfølelsen bor i ethvert menneske. Men det er svært at opleve den og udtrykke den i alle vore handlinger. Vi må gå indad og skue ærligt ind i os selv. "Skælver mit hjerte stadig af liv? Kan jeg stadig opleve kærligheden og medfølelsen strømme igennem mig? Smelter mit hjerte stadig over smerten og lidelsen i andre? Har jeg grædt sammen med dem der lider? Har jeg virkeligt forsøgt at tørre en andens tårer bort for at trøste ham, eller givet et menneske et eneste måltid eller et sæt tøj?" På denne måde kan vi ærligt se ind i os selv. Så vil medfølelsens lindrende måneskin spontant skinne i vort sind.

Hvis vi ønsker at bringe fred til den ydre verden, så må der være fred i vor indre verden. Fred er ikke en intellektuel beslutning. Det er en oplevelse.

Medfølelse og venlighed gør en leder virkeligt modig. Enhver der har penge, våben og knowhow kan begynde en krig. Men ingen kan besejre kærlighedens magt og samhørighed der kommer fra hjertet.

Hvis bare vort sind, vore øjne, ører, og hænder kunne forstå og føle andres sorg og smerte til bunds! Hvor mange selvmord kunne der så ikke være afværget? Hvor mange folk kunne have fået mad, tøj og husly? Hvor mange børn ville være blevet sparet for at blive forældreløse? Hvor mange kvinder som lever af at sælge deres krop kunne være blevet hjulpet? Hvor mange syge mennesker, som har uudholdelige smerter, kunne have fået medicin og behandling? Hvor mange konflikter på grund af penge, rygte og position kunne være undgået?

De første skridt til udvikling af medfølelse er at behandle alle de genstande, som vi anser for livløse – så som sten, sand og træ, etc. – med kærlighed og respekt. Hvis vi kan føle kærlighed og sympati når vi har at gøre med livløse genstande, bliver det lettere at udvikle kærlighed

Medfølelse, den eneste vej til fred

og medfølelse overfor træer, slyngplanter, fugle, dyr, livet i havene, floderne, bjergene og resten af naturen. Hvis vi kan nådet bevidsthedsniveau, så vil vi automatisk have medfølelse med hele menneskeheden.

Bør vi så ikke takke stolen og kampestenen, som giver os et sted at sidde og hvile? Skulle vi ikke udtrykke taknemmelighed til Moder Jord, som tålmodigt giver os sit skød til at løbe, til at hoppe, og lege på? Skal vi ikke også være taknemmelige for fuglene som synger for os, blomsterne, som blomstrer for os, træerne, som giver os skygge og floderne som strømmer for os?

Ved hvert morgengry byder en ny solopgang dagen velkommen. Om natten, når vi glemmer alt og sover, kunne alt ske for os, selv døden. Takker vi nogensinde Den Store Kraft som velsigner os med at vågne op den næste morgen og fungere lige som før uden at der er sket noget med vores krop eller sind? Hvis vi ser på det på den måde, skulle vi så ikke være taknemmelige mod alle mennesker og alle skabninger?

Kun mennesker med medfølelse er i stand til at udtrykke taknemmelighed.

Der er ingen ende påden krig og død, som mennesket har forårsaget, eller de tårer som alle de uskyldige ofre for sådanne tragedier har udgydt. Hvad skulle det til for? Kun for at besejre, få overtaget og for at tilfredsstille vores grådighed efter penge og berømmelse. Menneskeheden har påtaget sig utallige forbandelser. For at blive befriet for disse forbandelser, må mindst et hundrede generationer komme og tørre de lidendes tårer, gøre alt for at trøste dem og lindre deres smerte. I det mindste nu burde vi se indad i os selv for at sone vore ugerninger!

Ingen nok så magtgal, selvoptaget leder som ikke tænker på andet end at beskytte sine egne interesser, har nogensinde opnået fred og lykke ved at besejre verden og forfølge mennesker. Deres død og dagene op til den var et helvede på jorden. Historien har bevist denne store sandhed. Vi bør taknemmeligt tage imod denne kostbare chance og gå fremad på medfølelsen og fredens vej.

Medfølelse, den eneste vej til fred

Når vi kommer ind i verden har vi intet med os, og når vi forlader den er vore hænder lige så tomme som da vi kom. Vi bliver nødt til at lære at være følelsesmæssigt i balance og u-involveret i verden og dens ting, og indse at de aldrig vil give os varig, sand lykke.

Som I alle ved, var Alexander den Store en kriger og hersker som erobrede næsten en tredjedel af verden. Han ønskede at blive kejser over hele verden, men da han tabte et slag blev han ramt af en dødelig sygdom. Et par dage før sin død, tilkaldte Alexander sine ministre for at diskutere hvordan hans begravelse skulle foregå. Han beskrev hvordan der skulle være huller i kisten på hver side, hvor hans arme skulle stikke ud, med håndfladerne opad. Ministrene spurgte deres herre, hvorfor han ønskede det gjort.

Alexander forklarede at på den måde ville alle fået vide at "Den Store Alexander", som havde viet hele sit liv til at eje og besejre, havde forladt verden helt tomhændet.

Han havde ikke engang taget sin egen krop med. Derfor ville de komme til at forstå hvor formålsløst det er at bruge sit liv påat jage efter besiddelser.

Vi må forståubestandigheden i verden med dens ting. De er foreløbige og vi kan ikke tage dem med os, når vi dør.

Der er en rytme ved alting i kosmos. Vinden, regnen, bølgerne, vort åndedræt og vort hjerteslag – alt har en rytme. Og ligeledes er der en rytme i livet. Vore tanker og handlinger skaber rytmen og melodien i vores liv. Når rytmen i vore tanker går tabt, afspejles det i vore handlinger. Og det vil resultere i at vort liv mister sin rytme. Og det er hvad vi ser overalt omkring os.

I dag bliver luften mere og mere forurenet, og ligesåmed vandet. Floder udtørrer, skove fældes. Nye sygdomme spreder sig. Hvis det fortsætter, så venter der naturen og menneskeheden en enorm katastrofe.

Amma vil give et eksempel for at illustrere virkningerne af forureningen på miljøet. Amma husker stadig fra sin barndom, at når et barn fik et lille sår fra en kniv eller et skrab, så ville dets moder dække såret med kogødning. Det ville hjælpe såret med at hele meget hurtigere. Men hvis vi gør sådan i dag, bliver såret inficeret. Man kan endda dø af det. I dag er kogødning giftigt. Hvad der tidligere var medicin, er i dag gift.

Den nuværende generation lever som om den ikke har noget forhold til naturen. Alt omkring os er kunstigt. I dag spiser vi frugt og korn der er dyrket med kunstgødning og pesticider. Vi tilføjer konserveringsmidler for at forlænge opbevaringstiden. På den måde spiser vi hele tiden gift – bevidst eller ubevidst. Som resultat kommer der hele tiden mange nye sygdomme til. Faktisk var levetiden for lang tid siden mere end hundrede år. Men i dag lever folk kun 80 år eller mindre, og mere end 75 % af befolkningen lider af en eller anden sygdom.

Ikke blot maden vi spiser og vandet vi drikker er i dag forurenet, men også luften vi indånder er nu fuld af giftstoffer. Det forårsager en svækkelse af menneskehedens immunsystem. I dag er mange mennesker allerede afhængige af indhaleringsdåser for at ånde, og antallet stiger stadig. Om nogle få år vil vi være nødt til at gå rundt med luft-tanke for at trække vejret, som astronauterne i det ydre rum. De fleste mennesker er i dag allergiske overfor et eller andet, selv de mest ubetydelige ting. På grund af vores fremskredne fremmedgørelse overfor naturen, bliver det mere og mere vanskeligt for os at overleve.

I dag er ikke kun mennesker, men selv dyr og planter vi avler og dyrker, uden forbindelse med naturen. Vilde planter overlever uanset vejret, og tilpasser sig naturens betingelser. Men stueplanter kan ikke modstå skadedyr uden hjælp og skal sprøjtes med pesticider. De har brug for så megen særlig omsorg, at de ikke er i stand til at overleve naturligt.

Skove hugges ned og boligkomplekser opføres i stedet for. Mange fugle bygger reder i sådanne komplekser. Hvis vi kigger nærmere på disse reder, vil vi se at de er lavet af ledninger og stykker af plastic. Det er fordi skovene forsvinder. I fremtiden vil der slet ikke være træer tilbage. Fuglene tilpasser sig de nye omgivelser.

Honningbiernes forhold er tilsvarende. Normalt har bierne ingen problemer med at rejse

Medfølelse, den eneste vej til fred

sålangt som 3 kilometer fra deres bikuber for at samle nektar. Men nu om stunder, når bierne skal hjem med deres nektar, kan de ikke mere huske vejen hjem og farer vild. Og hvis de ikke kan finde deres bikube, dør de. På en måde skyldes det bierne at vi har noget at spise. Bier spiller en helt afgørende rolle i bevarelsen af naturen og samfundet. De bestøver de planter som forsyner os med frugt og korn.

Ligeledes afhænger menneskeheden af hvert eneste levende væsen. Alle skabninger på jorden afhænger af hinanden for at overleve. Hvis et flys maskine er beskadiget, kan det ikke flyve. Men selv når en eneste afgørende skrue er beskadiget, kan flyet heller ikke flyve. På samme måde er det med levende væsner, selv det allermindste væsen spiller en vigtig rolle. Alle levende væsener behøver også vores hjælp for at overleve. Vi er ansvarlige også for dem.

Med jordens befolkning, som øges dagligt, bliver det vanskeligere at producere mad nok for at tilfredsstille det øgede behov. For at løse det problem forsker videnskabsmændene i at udvikle forskellige kunstige metoder for at øge afkastet af høsten, med for eksempel kunstgødning. For eksempel planter, som plejede at bruge seks måneder for at producere grøntsager, gør det nu på kun to måneder.

Men problemet er at næringsværdien af disse grøntsager faktisk kun er en tredjedel af hvad den plejede at være. Desuden er levetiden gået voldsomt tilbage. Det er nemt at se at vores kunstige dyrkningsmetoder giver bagslag.

Naturen er som en and, der lægger guldæg. Men hvis vi slår anden ihjel og prøver at tage alle guldæggene på en gang, vil vi miste alt. Vi må holde op med at forurene og udnytte Moder Natur. Vi må beskytte hende for at sikre vores overlevelse såvel som de kommende generationers overlevelse. Naturen er det ønsketræ, som giver menneskeheden alt i overflod. Men i dag er vores situation som idioten, der saver den gren af han selv sidder på.

Hvis antallet af vores hvide blodlegemer stiger, kan det være et tegn på cancer. Hvide blodlegemer er ikke i sig selv farlige, men hvis de stiger i antal over et bestemt niveau bliver vi syge. På samme måde har vi brug for naturens ressourcer for at leve. Men hvis vi udnytter dem og beskadiger naturen, bliver det farligt for både os selv og andre.

Amma har en bøn. Hvert eneste menneske pådenne jord bør tage sin andel i at genoprette balancen i naturen. Først og fremmest bør vi gøre hvad vi kan, for at stoppe forureningen. Vi kan ikke undvære fabrikker og industrier, men vi må finde nye måder at begrænse den luft– og vandforurening, de har forårsaget. Det er også væsentligt at bygge fabrikkerne langt fra beboelsesområder.

I byerne er det stigende antal af fartøjer en af hovedårsagerne til forureningen. Allerede nu ejer de fleste familier mindst en bil. Hvis fem mennesker, som bor og arbejder i nærheden af hinanden laver en car-pool plan, og kører hinanden på arbejde på skift, kan fem biler erstattes af en. Hvis et helt land ville gøre det, så ville 100.000 biler reduceres til 20.000. Forureningen ville falde radikalt og megen olie ville blive sparet. Vi ved alle at olien er ved at slippe op. Med bil-deling vil vor olie vare længere, men hvad der er det allervigtigste, kærlighed og samarbejde vil øges blandt mennesker. Amma føler at dette råd er noget vi alle kan prøve at føre ud i livet.

Når vi rejser korte afstande, så kunne vi - i stedet for at spilde brændstof, tage vores cykel som tilmed ville give os motion. En af hovedårsagerne til forøgelsen af sygdomme i dag er mangel på motion. Nogle mødre beklager sig til Amma, at de bruger så mange penge på deres barns medlemskab af en gymnastikklub. Når Amma spørger dem hvordan børnene kommer hen til deres klub, siger de at de at de kører dem derhen i bilen, selv når klubben kun er fåkilometer væk. Hvis barnet skulle gåderhen, ville det fåmotion nok, og pengene til medlemskab ville blive sparet.

Vanen med at have køkkenhave er i tilbagegang. Selv hvis vi bare har et lille stykke jord, skulle vi prøve at dyrke et par grøntsager og bruge organisk gødning. Idet vi bruger nogen tid sammen med vores planter, bør vi tale til dem og kysse dem. Et sådant forhold til naturen vil give os ny vitalitet.

Skovene spiller den allervigtigste rolle i at bevare naturens harmoni. Det skyldes udelukkende dem, at der er noget der ligner harmoni i naturen i dag. Hvert land skulle prøve at beskytte de skove de har tilbage og plante så mange træer som muligt. Vi burde, hver enkelt af os, aflægge en ed på at vi vil plante mindst et træ om måneden, så at når året er omme har hver person plantet 12 træer. Hvis hver enkelt deltager, kan vi på kort tid genoprette naturens skønhed på jordens overflade. Amma har hørt om en særlig træsort, [Tabonuko-træet fra Caribien] hvis rødder slynger sig sammen og vokser sammen med de andre træer ved siden af.

Uanset hvor stærk vinden er, så bliver træerne ikke rykket op. Når vi lever sammen med naturen i kærlig samklang, så vil vi have styrke nok til at klare enhver krise.

Naturen er vores første moder. Hun nærer os hele livet. Vores fysiske moder giver os måske lov til at sidde på hendes skød i et par år. Men Moder

En tale af Sri Mata Amritanandamayi

Natur bærer tålmodigt på os hele vort liv. Hun synger os i søvn, brødføder os og kærtegner os. Lige som et barn er forpligtet overfor sin fysiske moder, så bør vi alle føle forpligtelse og ansvar overfor Moder Natur. Hvis vi glemmer den ansvarlighed, svarer det til at vi glemmer vores eget selv. Hvis vi glemmer naturen vil vi ophøre med at eksistere, for at gøre sådan svarer til at vandre mod døden.

I gamle dage var der intet særligt behov for beskyttelse af miljøet, fordi beskyttelse af naturen var del af gudstjeneste og livet selv. Frem for at "huske Gud" elskede og tjente menneskene naturen og samfundet. De så Skaberen i skabelsen. De elskede, ærede og beskyttede naturen som Guds synlige form.

Lad os prøve at vække den holdning til live igen. I øjeblikket er den største trussel mod menneskeheden ikke en tredje verdens-krig, men tabet af naturens harmoni og vores stadigt stigende fremmedgørelse overfor naturen. Vi bør udvikle en bevidsthed som et menneske der

Medfølelse, den eneste vej til fred

står på sit yderste. Kun da kan menneskeheden overleve.

Livet opnår fuldbyrdelse når menneskeheden og naturen går i samme takt, hånd i hånd, i harmoni. Når melodi og rytme komplementerer hinanden, bliver musikken smuk og en nydelse for øret. Sådan er det også med menneskene. Når de lever i harmoni med naturens love, bliver livet en smuk sang.

Naturen er en enorm smuk blomsterhave. Dyrene, fuglene, træerne, planter og mennesker er havens fuldt udsprungne blomster af forskellige farver. Denne haves skønhed er kun fuldkommen, når alle disse eksisterer i en enhed, hvorved de spreder kærlighedens og enhedens vibrationer. Lad vore sind blive ét i kærligheden. Lad os arbejde sammen for at forhindre alle disse mange blomster i at visne bort, så at haven kan blive ved med at være smuk i al evighed.

Amma vil nu gerne dele nogle flere punkter med jer, som hun synes er værd at tænke over.

1. Forestil jer at menneskeracen var fjernet fra jordens overflade. Så ville planeten igen blive grøn

og frugtbar i sin vegetation. Vandet og luften ville blive rene. Hele Naturen ville genlyde af glæde. Og det modsatte - at der ikke var noget liv på jord, bortset fra menneskene. Vi ville ikke kunne overleve. Denne jord, som er skabt af Gud og den sang der stiger op fra naturen spiller sammen i fuldkommen melodi og rytme. Det er kun menneskene som skaber mislyde. De "spiller falsk."

2. Kilden til fred og harmoni er kærlighed og medfølelse. Med kærlighed vil vort hjertes sarte knop blomstre. Såvil kærlighedens skønne duft spredes overalt.

3. Samfundets fugl har to vinger: videnskab og spiritualitet. Disse to må gå hånd i hånd, da de begge er nødvendige for samfundets fremskridt. Hvis vi holder fast ved de spirituelle værdier mens vi går fremad, kan videnskaben blive et redskab til skabelse af fred og harmoni i verden.

4. Vi må aldrig miste vor indre styrke. Kun svage sind ser den mørke side af alt og bliver forvirrede. De som er optimistiske ser strålerne af Guds nåde i enhver form for mørke. Lampen der lyser med denne tro er i os. Tænd for den

lampe, og den vil lyse påhvert eneste skridt vi tager. Lad os ikke sidde fast i fortidens smertefulde minder om krige og konflikter. Glem hadets og rivaliseringens mørke historie og byd en ny tidsalder med tro, kærlighed og forening velkommen. Det må vi alle arbejde for. Ingen anstrengelse, uanset hvor ringe, vil gå tabt. Hvis bare én blomst blomstrer midt i en ørken, er det da i det mindste noget. Det er den indstilling vi skal udvikle når vi handler. Vore evner er måske begrænsede, men hvis vi ror livets båd med selvanstrengelsens årer, så vil Guds nåde uvægerligt komme os til hjælp.

5. Vi skal være klar til at forandre os. Ellers bliver vi tvunget til at forandre os. Hvis vi ikke vil forandringen, så må vi acceptere døden – vi bliver tvunget til at træffe et valg.

6. Menneskeheden bør forstå, at den ikke er den eneste art med ret til livet. Hvor mange arter er allerede uddøde! Det er ikke nok at føle medfølelse og venlighed for mennesker, vi skal føle de følelser for alle levende væsener.

7. Vi vil ikke være i stand til at undgå

En tale af Sri Mata Amritanandamayi

sygdomme blot ved at udrydde store befolkninger af myg, høns eller køer. Genoprettelsen af Naturens harmoni bør være vores højeste prioritet.

Hvis kilden til krig findes i menneskets sind, så er kilden til fred også der. Hvis vi vil undgå krig i fremtiden, så må vi begynde med at indlære værdier i vore børn fra de er ganske små. Hvis vi ønsker at lave yoghurt, så er alt hvad vi behøver at gøre at tilføje en lille smule yoghurt til noget mælk, røre rundt og lade det stå i nogen tid. På samme måde, når forældre viser et godt eksempel, giver de børnene gode værdier med i livet. Så vil gode egenskaber helt spontant udvikle sig i børnene.

Når Amma rejser rundt om i verden, kommer mennesker fra krigsramte lande ofte til hende. Kvinder fra disse områder fortæller Amma: "Vi vågner op om morgenen til lyden af geværild og skrig. Vore børn klamrer sig til os i angst og græder. Vi klamrer os også til dem og græder. Det er så mange år siden at vi er vågnet op til kvidren af fugle". Lad os bede til at lyden af geværild i disse steder snart bliver afløst af søde lyde af kvidrende fugle, og at unge som gamle bryder ud i latter i stedet for tårer.

Amma føler såofte at det ville være dejligt – lige som når børn leger – at bomber, i stedet for at sprede død og ødelæggelse, spredte chokolade og slik, eller spredte en dejlig duft, eller oplyste himlen med alle regnbuens farver. Hvis bare ødelæggelsens lysglimt var medfølelsens lysglimt. Med de moderne våben kan mål indstilles med dødelig nøjagtighed. Hvis bare vi kunne række vore hænder ud i medfølelse til de fattige, de sultne, og de hjemløse med samme præcision!

Lad os stå sammen og vise verden at medfølelse, kærlighed og omsorg for vore medskabninger ikke er helt forsvundet fra jordens overflade. Lad os bygge en ny verden af fred og harmoni ved at have vore rødder dybt forankret i de universelle værdier, som har næret menneskeheden siden tidernes begyndelse. Lad os tage afsked med krig og brutalitet for evigt og reducere dem til noget der stammer fra eventyrer-bøgerne. Lad os i fremtiden blive mindet som freds-generationen.

||Om lokah samastah sukhino bhavantu ||

www.ingramcontent.com/pod-product-compliance
Lightning Source LLC
Chambersburg PA
CBHW061958070426
42450CB00011BA/3228